σ

INTRO

Suspensão, paragem,
tradução, tradição,
interrupção, ovação
verbal, jargão,
original, imitação.

O que
é real em poesia? O
que é real numa
sincronia de versos?
Num poema contínuo
incomum.

Comumente
digitado em dois
idiomas distintos. Ora
branco no negro. Ora
negro no branco.
Que seminal
processo de escrita
disto se acerca ou se
dista?

Suspension, stop,
translation, tradition,
interruption, verbal
ovation, jargon,
original, imitation.

What
is real in poetry?
What is real in a
synch of verses?
In an
uncommon poem in
continuum.

Commonly
typed in two different
languages. Either
white on black. Either
black on white. What
seminal process of
writing approaches
or distances of this?

σ

Tainted veils of an enthusiastic affirmation in dust

A clipboard zip file

oh my, am I?

a cross section

of membranes and fibers

a lactose intolerance

indecency tendency

arouse tuberose

rhyming dementia

affluenza

Enigma code

Indifferenza

σ

Véus manchados de uma entusiasta

afirmação em pó

Um arquivo zip na área de transferência

oh meu, sou eu?

Uma seção transversal

de membranas e fibras

uma intolerância à lactose

indecência tendência

aurosa tuberosa

demência rimada

avença

Código enigma

Indiferença

σ

Niche cornice foliage follicle was dead or alive in a circumstance I can't figure it out.

All passes are passives or bottoms are keys to irremediable premises of...

Nicho cornicho fuligem folículo estava morto ou vivo numa circunstância que Eu não consigo se quer figurar.

Todos os passes são passivos ou partes de baixo são chaves para irremediáveis premissas de...

vicinity insanity in rolling stones within

vizinhança insanidade em rolando pedras dentro

σ

cataclysms incorporated in cardio

limber lambert lumber

abyss of meteoric

metaphor

metáfora

abismo de meteoro

limbo lambo lombo

cataclismos incorporados em cardio

σ

obnoxious reflections on tortoise

cashmere minus one

in deflection or a sense of misfit

dark void of illusions

desagradáveis reflexões na tartaruga

caxemira menos um

em deflexão ou um senso de desajuste

obscuro vórtice de ilusões

this text is not in context

is a handmade request

of subterfuges and litany

este texto não está em contexto

é um pedido feito à mão

de subterfúgios e ladainha

σ

a desperate house-husband

in tears with no more fears

left on the kitchen table

oh beautiful terrified lime

um desesperado marido de casa

em lágrimas e não mais medos

perdidos na mesa da cozinha

oh linda lima estarrecida

σ

melting all my iconoclast blast

frying banal pain rituals

derretendo toda a minha lava iconoclasta

fritando rituais de dor banais

sandy fury dispersed in vacuum

cactus stinging on the act

fúria arenosa dispersa no vácuo

cato picando no ato

σ

misguided by voices in my head

as if I didn't care to hear that

mal orientado por vozes na minha cabeça

como se eu não me importasse em escutar isso

I don't know if the words can hear me

I am inside of their textures and essences

Eu não sei se as palavras conseguem ouvir-me

Eu estou dentro das suas texturas e essências

σ

Words for what? For word art for *AdSense's*?

Palavras para quê? Para arte com palavras para *AdSense's*?

To add sense. To make noise. To stay tense.

Para adicionar senso. Para fazer ruído. Para ficar tenso.

Who's next on the computer desk? *Ad-block Caps lock*?

Quem é o próximo na secretária do computador? *Ad-block Caps lock*?

σ

External wake-up call

Beyond an island accord

A big house with big dreams

Infant flotation devices

Externa chamada de acordar

Além de um acorde de ilha

Uma grande casa com grandes sonhos

Dispositivos de flutuação infantil

Iniquitous ubiquity

Fairytale dust confined

On a page indoor

Iníqua ubiquidade

Pó dos contos de fada confinado

Numa página interior

σ

Unmade bed

Has to be a rule

For a happy wedding

Or should I say ending?

Cama desfeita

Tem de ser a regra

Para um casamento feliz

Ou devo dizer final?

σ

run run run run into myself

corre corre corre corre em mim

despite the fact checking

despite the pit arm

despite the armpit

despite the fast track

we lost our flight to Neverland.

apesar da verificação do facto

apesar do braço do fosso

apesar da axila

apesar do caminho mais rápido

perdemos o nosso voo para a Terra do Nunca.

ʊ

Never specialize too much.

Nunca especializes demasiado.

Undefined love notes to absorb.

Torture in tenure

Unsold items

of failure.

Indefinidas notas de amor para absorver.

Tortura na posse

Itens não vendidos

de falhanço.

σ

Semantic pragmatism

Parallel ambiguity

Is present in the subject

Pragmatismo semântico

Ambiguidade paralela

Está presente no sujeito.

Mid-day x-rays are consumption or problem
or solution or verb or gnosis or irresponsible
notion of terms and concepts.

Radiografias a meio do dia são consumo ou
problema ou solução ou verbo ou gnose ou
irresponsável noção de termos e conceitos.

σ

Unlearning reality is a deviation from language.

To support existence is to educate conscience.

Desaprender a realidade é um desvio da linguagem.

Suportar a existência é educar a consciência.

Vorticism is plenty of rules

A myriad of phenomena

Instigating our synapses.

Vorticismo está cheio de regras

Uma miríade de fenómenos

Instigando nossas sinapses.

σ

The beat goes on...

Deafening meticulous fibrillation

A batida vai em...

Ensurdecedora fibrilação meticulosa

A dispersive deflationary state of passive

absolutism.

I cry the desire to be rejected. In plan. In plain.

Um dispersivo estado deflacionário de passivo

absolutismo.

Eu choro o desejo de ser rejeitado. Em plano.

Em pleno.

σ

Totalmente absorto em lágrimas. Absolvição lacrimal.

Ténue nenúfar pestanejante. Com a escultura de jante.

Que liga leve a gente. Ramos de píncaros açoites.

Totally absorbed in tears. Lacrimal absolution.

Tenuous fluttering water lily. With the carving of rim.

That binds people lightly. Branches of peeling lashes.

Omnívora abominação de data expirada.

Omnivorous abomination of date expired.

σ

Statues of Facebook status

Instagram stories that fade as past memories

One shout after the other and the other…

Telepathy as an antibiotic medicine.

Estátuas de estados do Facebook

Histórias do Instagram que desparecem como passadas memórias

Um grito após o outro e após o outro…

Telepatia como medicina antibiótica.

σ

Integration or fulmination

A lip-sync battle with a fuse in fusion

A broken pattern of wait

That rings the bell of consciousness

These words are made for walking – a line

NOW YOU SEE IT

NOW YOU DON'T

σ

GLASS DRIVE REPARA

VIDRO GUIA REPAIRS

σ

Integração ou fulminação

Uma batalha de lábios em sincronia com o
fuso em fusão.

Um padrão quebrado de espera

Que soa o sino da consciência

Estas palavras são feitas para caminhando –
uma linha

AGORA TU VÊS

AGORA JÁ NÃO

ᙡ

One way to dive into motion

Is to slow down aside the potion

Get to know each other as a single

Portion of ground.

Uma via de mergulho em moção

É abrandar ao lado da poção

Conhecer cada um como uma singular

Porção de chão.

ō

Stream

Steam

Stem

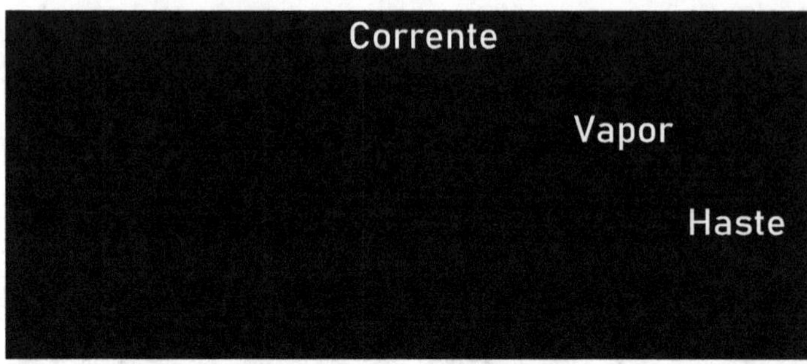

σ

Could you be somebody

If the flower is not

on your

napkin anymore

Poderás tu ser alguém

Se a flor não está

no teu

guardanapo mais

σ

Attic full of galore

On your inland

Fix your rupture

Ático cheio de abundância

No teu interior

Consertar tua rutura

There are few pockets of silence

They don't come in package

Existem poucos bolsos de silêncio

Eles não vêm em pacotes

σ

big bag branches

fig fag french

or too little or too late

grande saco de ramos

figo tarefa francesa

ou tão pequena ou tão tarde

Reassemblage

Remontagem

Footage

Forage

Usage

Agem

Age

σ

O estado

detestado

atestado

na estação

The state

detested

attestation

at the station

σ

It's time to purge

I'm deeply drying dying

I fell empty in the summer breeze

To sustain to release

A torch to touch

É tempo de purgar

Estou profundamente secando morrendo

Sinto-me vazio na brisa estival

Para suster para liberar

Uma tocha para tocar

σ

Argamassa da ponte a desabar

Mortar of the bridge to collapse

Aguardar pela quietude ventricular

Uma aura na penumbra.

As trevas que quebras na tumba.

Wait for ventricular quiet

An aura in the gloom

The darkness that break in the tomb.

σ

I just want to write

I just want to write you down

Down my knees

Broken pieces of seas

I just want to go slow

Motion mist

Body Lotion

σ

Eu só quero escrever

Eu só quero te escrever

De joelhos

Pedaços quebrados de mares

Eu só quero ir devagar

Névoa de movimento

Loção corporal

σ

Gave me the body

Gave me the blow

I break up and touch

with stone and change

air by punch.

Me deu o corpo

Me deu o sopro

Me separo e toco

com caroço e troco

ar por soco.

σ

A contactless identity card.

Don't even try to touch it.

It may damage your judgment

And not worth the miss for the

Loss.

Um cartão de identidade sem contato.

Nem se quer tente tocar-lhe.

Pode danificar-lhe o juízo

E não vale a perda para o

Prejuízo.

σ

Redeem the coupon code

As I've told you before

It may be expiring soon

Discount applied on the cart.

Resgate o código do cupão

Como Eu te disse antes

Pode estar expirando em breve

Desconto aplicado no carrinho.

Ponto de interrupção.

Ponto de interrupção alcançado.

σ

Senseless clauses

Of unfamiliar behavior

An imposed rule

To scroll

Over the head

Above the sky

A tired sentence

Of used words

σ

Cláusulas sem sentido

De comportamento desconhecido

Uma regra imposta

Para rolar

Sobre a cabeça

Acima do céu

Uma frase cansada

De palavras usadas

σ

In spitting an atom out of my damaged brain

I will feel less sub culturally lonely?

Or that's not how the world works?

Em cuspindo um átomo para fora do meu
cérebro danificado

Eu irei sentir-me menos sub culturalmente
sozinho?

Ou não é assim que o mundo funciona?

σ̄

O divino atrito que me fulmina e me vacina.

Me extorquindo em ressalvas ou delito

Que paralelepípedo decai suavemente

Na negrura da vida em arrecuas

Nómada de um desterro confiscado.

Mais alguns termos parados

Uns cabelos espigados

σ

A divine friction that fulminates me and
vaccinates me.

Extorting me in caveats or offense

That cobblestone decays smoothly

In the blackness of life in recesses

Nomad of a confiscated exile.

A few more stopped terms

Spiky hair

σ̅

Uma recordação que muda e desmuda.

Um rizoma que usa e desusa.

A linguagem informe.   O ritual conforme.

O pecado enorme.   A vida disforme.

O corpo amorfo.   O vazio isomorfo.

A memory that changes and exchanges.

A rhizome that uses and disuses.

The formless language.   The compliant ritual.

The huge sin.   The misshapen life.

The amorphous body.   The isomorphic void.

Sempre irás tu decidir a tua própria existência.

Always will you decide your own existence.

σ

Uma falha é uma falha é uma falha

A failure is a failure is a failure

Uma falha é uma falha é uma falha

A failure is a failure is a failure

Porque quem falha, falha!

Because whoever fails, fails!

Porque quem falha, falha!

Because whoever fails, fails!

Frugal tentativa descritiva indecisiva

Frugal indecisive descriptive attempt

Frugal tentativa descritiva indecisiva

Frugal indecisive descriptive attempt

Reiteras em tamanho pequeno o Antropoceno

Reiterates in small size the Anthropocene

σ

Reiteras em tamanho pequeno o Antropoceno

Reiterates in small size the Anthropocene

Congelas a sacramental passagem do tempo

Freezes the sacramental passage of time

Congelas a sacramental passagem do tempo

Freezes the sacramental passage of time

Repetes as mesmas palavras uma vez mais

Repeat the same words once more

Repetes as mesmas palavras uma vez mais

Repeat the same words once more

E anulas o sentido de o poema estar vivo.

And nullify the sense that the poem is alive.

E anulas o sentido de o poema estar vivo.

And nullify the sense that the poem is alive.

σ

I start a slush fort

In the ambitus of prevalence

and then my afterlife changed dramatically

imposed

by a non-sense circumstance

Eu começo um forte lamacento
No âmbito da prevalência
e então minha vida pós morte mudou
dramaticamente imposta
por uma circunstância sem sentido

In order not to be here

Em ordem não para estar aqui

σ

A hypochondriac metaphor

I'm not thinking about the words

Now is the only time I know

And I don't know anything at all

Abdication abnegation

Uma metáfora hipocondríaca

Eu não estou pensando nas palavras

Agora é o único tempo que eu sei

E eu não sei absolutamente nada

Abdicação abnegação

σ

I am on the realm changing diapers.

Change the sentences to disinfect them

of unwanted particles

that drip in supplication

imprisoned prison.

Eu estou no reino mudando fraldas.

Mudando as frases desinfetando-as

De partículas indesejadas

que gotejam em súplica

encarcerada prisão.

σ

Evacuated from an exorbitant vacuum.

Sometimes soaked, sometimes trampled.

Addicted to dental chatter.

Evacuados de um vácuo exorbitante.

Ora demolhados, ora tresmalhados.

Viciados em trepidação dental.

σ

Anti-relampejo acelerado.

Accelerated anti-flash.

Anti-relampejo acelerado.

Accelerated anti-flash.

Anti-relampejo acelerado.

Accelerated anti-flash.

Anti-relampejo acelerado.

Accelerated anti-flash.

E quando deslizas, onde cais?

And when you slide, where do you fall?

flush

flush

flush

flush

σ

antilogia não é uma antologia

meritocracia não é uma democracia

biologia não é uma ideologia

burocracia não é uma supremacia

patologia não é uma psicologia

idiossincrasia não é uma epistemologia

TEOLOGIA NÃO É UMA TECNOLOGIA

THEOLOGY IS NOT A TECHNOLOGY

antilogy is not an anthology

meritocracy is not a democracy

biology is not an ideology

bureaucracy is not a supremacy

pathology is not a psychology

idiosyncrasy is not an epistemology

σ

rubor

rubor

rubor

rubor

ténue fémur rumor onde basílicas de bacilos

anti oxidáveis

rumavam em redundâncias em redor de um

termo catalisador

carecerão de fumo as cadências introspetivas

de retaliação

observáveis por dentro as glândulas

perecíveis

de um desentupimento granular de sombras e

limbos

ligas vulneráveis, voláteis, exasperáveis

σ

em dez fios

em desafios

em desfios

em um cio

em onze cios

em doze mios

em treze pios

em catorze lios

em quinze rios

em dezasseis frios

em dezoito tios

em dezanove sios

em vinte vi-os.

σ

Tell me one more time:

Once a soul burns a dust

Is it against the law

Lost in traction

Scratch massive

?

Diz-me uma vez mais:

Uma vez que uma alma queima um pó

É contra a lei

Perdido em tração

Arranhar em massa

?

σ

Ataraxy Ignescence

or much more

another beautiful way of

Eloquence

σ

Midnight pose extremelly dense and done.

Burning lab impromptu

Meia-noite pose extremamente densa e feita.

Impromptu de laboratório em chamas

σ

curvingloopcurvingloopcurvingloopcurvingloo
pcurvingloopcurvingloopcurvingloopcurvinglo
opcurvingloopcurvingloopcurvingloopcurvingl
oopcurvingloopcurvingloopcurvingloopcurving
loopcurvingloopcurvingloopcurvingloopcurvin
gloopcurvingloopcurvingloopcurvingloopcurvi
ngloopcurvingloopcurvingloopcurvingloopcurv
ingloopcurvingloopcurvingloopcurvingloopcur
vingloopcurvingloopcurvingloopcurvingloopcu
rvingloopcurvingloopcurvingloopcurvingloopc
urvingloopcurvingloopcurvingloopcurvingloop
curvingloopcurvingloopcurvingloopcurvingloo
pcurvingloopcurvingloopcurvingloopcurvinglo
opcurvingloopcurvingloopcurvingloopcurvingl
oopcurvingloopcurvingloopcurvingloopcurving
loopcurvingloopcurvingloopcurvingloopcurvin
gloopcurvingloopcurvingloopcurvingloopcurvi
ngloopcurvingloopcurvingloopcurvingloopcurv
ingloopcurvingloopcurvingloopcurvingloop

σ

curvolaçocurvolaçocurvolaçocurvolaçocurvol
açocurvolaçocurvolaçocurvolaçocurvolaçocur
volaçocurvolaçocurvolaçocurvolaçocurvolaço
curvolaçocurvolaçocurvolaçocurvolaçocurvol
açocurvolaçocurvolaçocurvolaçocurvolaçocur
volaçocurvolaçocurvolaçocurvolaçocurvolaço
curvolaçocurvolaçocurvolaçocurvolaçocurvol
açocurvolaçocurvolaçocurvolaçocurvolaçocur
volaçocurvolaçocurvolaçocurvolaçocurvolaço
curvolaçocurvolaçocurvolaçocurvolaçocurvol
açocurvolaçocurvolaçocurvolaçocurvolaçocur
volaçocurvolaçocurvolaçocurvolaçocurvolaço
curvolaçocurvolaçocurvolaçocurvolaçocurvol
açocurvolaçocurvolaçocurvolaçocurvolaçocur
volaçocurvolaçocurvolaçocurvolaçocurvolaço
curvolaçocurvolaçocurvolaçocurvolaçocurvol
açocurvolaçocurvolaçocurvolaçocurvolaçocur
volaçocurvolaçocurvolaçocurvolaçocurvolaço
curvolaçocurvolaçocurvolaçocurvolaço

σ

In a subtle curve, kneeling in the face of such evidences, I gave up all my worldviews and then drifted erroneously, erroneous in the vocabulary cadence that I had as static and guaranteed.

Now pray for me!